Notes

AMORCES FULMINANTES

ET SUR LES ATTELAGES,

Par

LE PRINCE **NAPOLÉON-LOUIS BONAPARTE.**

PARIS,

IMPRIMERIE ET LIBRAIRIE MILITAIRE DE GAULTIER-LAGUIONIE,

(Maison ANSELIN),

Rue et Passage Dauphine, 36.

1841

A *Monsieur le Commandant du Fort de Ham*.

—————————

Fort de Ham, le 23 février 1841.

COMMANDANT ,

Ayant rédigé, pour passer le temps , les notes ci-jointes, qui peuvent avoir quelque intérêt, sous le rapport militaire, je désirerais que vous eussiez la bonté de les envoyer de ma part au Ministre de la guerre.

J'ai une trop haute opinion du caractère du maréchal Soult pour douter un instant qu'il ne veuille bien, malgré ma position actuelle, soumettre mes observations au Comité d'artillerie.

Recevez l'assurance de mes sentiments distingués,

NAPOLÉON-LOUIS BONAPARTE.

CARTOUCHE D'AMORCES

POUR LES

FUSILS A PERCUSSION [1],

PAR

LE PRINCE NAPOLÉON - LOUIS BONAPARTE.

La plupart des puissances européennes ont adopté le fusil à percussion pour l'armement de l'infanterie. La substitution de l'amorce fulminante au silex offre en effet la possibilité de faire feu malgré la pluie; elle diminue les ratés, fait disparaître le crachement, permet une réduction de la charge de poudre, enfin elle offre un tir plus juste, à cause du départ qui est plus rapide et de la charge de poudre qui est plus égale. Le seul véritable obstacle que l'on ait toujours rencontré consistait à trouver un moyen qui assurât la conservation des capsules, entre les mains des soldats, qui rendît facile le placement d'un objet aussi petit malgré

_____

(1) Pour éviter les confusions, nous appellerons *cartouche à balle* la cartouche ordinaire de tir, et sous le nom de *cartouche d'amorce*, nous désignerons la cartouche composée uniquement de capsules.

le défaut d'adresse, l'émotion du combat, la rigueur du froid, l'obscurité de la nuit.

Une foule de dispositions ont été proposées, mais presque toutes ont été écartées après un mûr examen, parce qu'elles étaient en général trop compliquées ou trop fragiles et offraient toujours de graves inconvénients. Le système qui, en France, paraît avoir eu le plus de succès, consiste dans la disposition suivante: Chaque cartouche à balle porte une capsule d'amorce placée sur son axe au-dessous de la balle, dans un trou pratiqué au centre d'un petit sabot en bois. Une portion de cylindre creux, ayant le diamètre de la cartouche, entoure la cheminée et sert de conducteur à l'amorce. Pour placer celle-ci, le soldat tenant la cartouche sur la balle n'a qu'à appuyer la tranche du sabot sur le cylindre conducteur, et à pousser tout droit en pressant sur la balle, la capsule arrive sur la cheminée et y reste fixée. Mais ce système me paraît avoir plusieurs inconvénients.

1° Les cartouches à balles deviennent plus difficiles à confectionner;

2° Les capsules peuvent sortir du sabot pendant le transport;

3° Les transports de cartouches en barils deviennent dangereux, parce qu'un choc imprévu peut communiquer le feu. On se souvient qu'en 1833 un caisson rempli de capsules fit explosion en Angleterre, quoique ces capsules ne fussent pas en contact avec un corps dur comme l'est la balle dans la cartouche;

4° Cette disposition devient dangereuse pour la

cartouche d'exercice, parce que le petit sabot en bois peut blesser les hommes qui se trouveraient à une distance rapprochée.

Nouveau Système.

Le système que je propose est excessivement simple. Il consiste à réunir dans des tubes de papier un certain nombre de capsules. On forme ainsi des cartouches qui, déchirées entre les dents et appliquées avec force sur la cheminée, amorcent le fusil d'une manière sûre, en y déposant successivement une capsule.

Les *cartouches d'amorces* m'ont paru obtenir les dimensions les plus convenables en les composant de quinze capsules. Les seules capsules que j'aie pu me procurer étaient tronçoniques et fendues; diamètre intérieur à l'entrée $0^m,00515$, au fond $0^m,005$; hauteur extérieure, de $0^m,0051$ à $0^m,0055$; mais ces capsules sont beaucoup plus petites que celles qu'on a adoptées en Allemagne pour les fusils de munition.

Confection.

Prenez, pour faire le cartouche (1), un rectangle de

_____

(1) *Le* cartouche c'est le papier roulé simplement *La* cartouche c'est le tube chargé et confectionné.

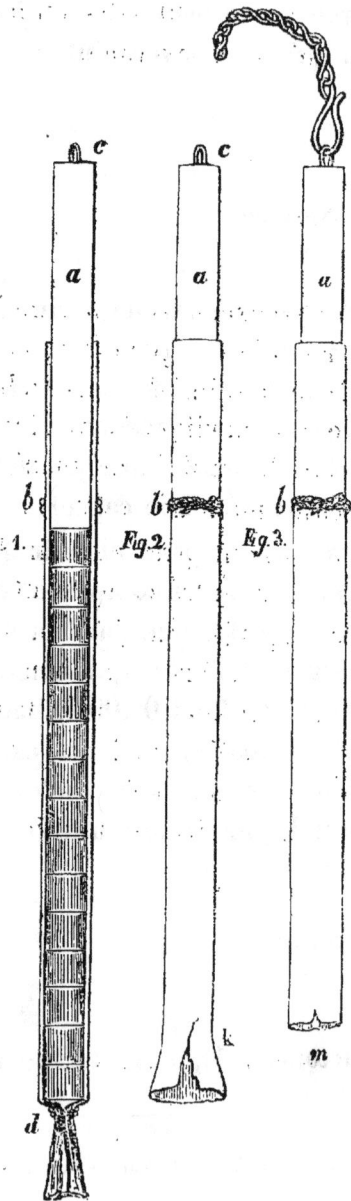

papier de $0^m,12$ de longueur sur $0^m,065$ de largeur. Roulez le papier sur un mandrin de $0^m,00516$ de diamètre, et collez les deux dernières révolutions. Prenez une baguette de bois de 5 décimètres de longueur et du diamètre de la capsule, et introduisez-en la moitié dans le cartouche en l'y collant fortement, et le liant de plus par un nœud d'artificier. (*b*, fig. 1, 2 et 3.)

Cette baguette ou manche donne la facilité de placer aisément les dernières capsules. (La figure 1re représente, en grandeur naturelle, la coupe verticale d'une cartouche d'amorce; *a* est le manche dont l'extrémité est armée d'une espèce de petit anneau *c* auquel on peut accrocher une chaînette.)

Mettez le cartouche verticalement sur une table, le manche en bas,

chargez-le en introduisant quinze capsules, le fond
en avant, et refoulez-les avec une baguette, de manière
à ce qu'elles soient exactement l'une sur l'autre, fer-
mez ensuite la cartouche avec un bout de ficelle par
un nœud d'artificier. (Fig. 1re, d.)

Quoique le cartouche soit roulé sur un mandrin
d'un diamètre aussi juste que possible, les capsules,
sans autre opération, ne seraient pas assez serrées,
et il y aurait à craindre que dès que l'une d'elles aurait été détachée, la suivante ne tombât à terre. Pour
obvier à cet inconvénient, tendez un bout de ficelle
assez mince, et faites-lui faire un tour sur la cartouche;
roulez celle-ci lorsqu'elle est à peu près sèche, toujours dans le même sens, dans cette espèce d'étran-
glement, jusqu'à ce que toute la surface du papier
ait reçu l'empreinte de la ficelle, en forme de spirale
étroite. (*Voyez* les fig. 4 et 5.) Par ce moyen, chaque

Fig. 4.

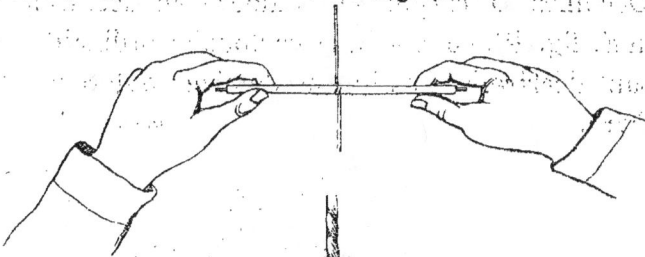

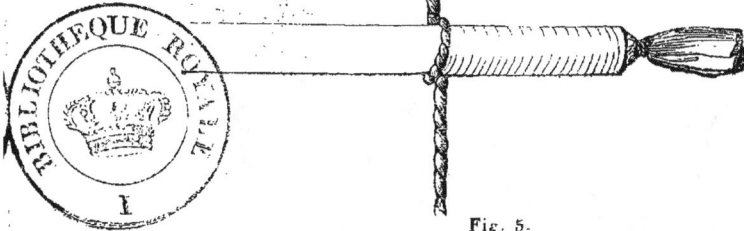

Fig. 5.

capsule est légèrement étranglée, ce qui la fixe soli-
dement dans son enveloppe, et l'empêche de tomber
lorsqu'en amorçant on enlève la capsule qui la pré-
cède.

Le lien b (fig. 1re, 2 et 3), qui retient le manche, sert
aussi à indiquer à peu près où se termine l'amorce,
et, par conséquent on peut, même dans l'obscurité,
en mesurant du doigt la distance de b au bout de la
cartouche, savoir quand on est arrivé à la dernière
capsule.

Les cartouches étant parfaitement sèches, faites
passer sur leur surface une couche de vernis. Une
composition d'une partie de mastic de Chio et de trois
d'esprit de térébenthine, rend les cartouches parfaitement imperméables; elles peuvent rester plusieurs
heures dans l'eau sans que l'humidité les pénètre.

Manière d'amorcer.

Décoiffez la cartouche d'amorce en déchirant le
bout d, fig. 1re, comme une cartouche ordinaire, en
faisant décrire à la main une demi-circonférence sur
la lèvre.

Fig. 6.

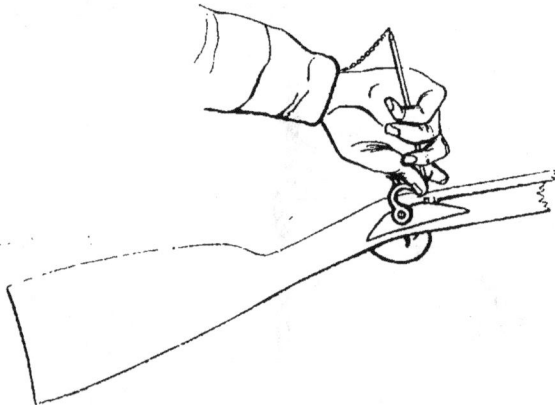

La cartouche déchirée, tenez-la comme l'indique la figure 6, avec l'index en avant, afin que même dans l'obscurité ce doigt guide la main pour trouver la cheminée.

Pour amorcer, appuyez fortement la cartouche sur la cheminée, et abaissez la main par un mouvement sec de gauche à droite; la capsule se fixe sur la cheminée et le papier se déchire. Il reste une bavure de papier qu'on enlève de nouveau avec les dents lorsqu'on veut amorcer. Cependant il est plus avantageux de ne déchirer la cartouche que de deux en deux fois, car la bavure du papier devenant plus longue (*Voyez k*, fig. 2), elle se rompt plus nettement comme en *m* (fig. 3).

Le bout *d* de la cartouche (fig. 1re) étant ce qu'il y a de plus dur à déchirer, on pourrait, si on y trouvait quelque difficulté, l'enlever d'avance dès qu'on remet les cartouches d'amorces aux soldats.

Si la cartouche d'amorce se fixait comme l'épinglette à un des boutons de l'uniforme, au moyen d'une chaînette (*Voyez* fig. 3, *h*); le soldat, après avoir amorcé n'aurait qu'à lâcher la cartouche, afin qu'elle n'embarrassât pas ses mouvements.

Le système que je viens de décrire ne pourra être jugé que lorsqu'il aura été soumis à des épreuves réitérées, mais il m'a semblé offrir les avantages suivants :

1° Le mouvement d'amorcer peut s'exécuter par la main la moins déliée, malgré le froid et l'obscurité. Je dirai même que par ce moyen on pourra, pendant la nuit, amorcer beaucoup plus facilement qu'avec le fusil à silex, car on risque souvent avec celui-ci de perdre une grande quantité de poudre, en la versant dans le bassinet;

2° Les capsules sont mises d'une manière infaillible à l'abri de l'humidité, et peuvent être conservées des années en magasin sans crainte de détérioration;

3° Les cartouches d'amorces sont d'une confection facile;

4° L'empaquetage n'offre aucune difficulté et le transport aucun danger;

5° Il y a peu de chances que le soldat perde des capsules en amorçant;

6° Les cartouches de tir conservent leur ancienne simplité, n'étant plus destinées à contenir la capsule dans un sabot.

Le soldat ayant 40 cartouches dans sa giberne, il lui faudra un approvisionnement de 60 capsules qui seront contenues dans 4 cartouches d'amorces, objets faciles à renfermer, soit dans la giberne, soit dans une poche, sur le porte-giberne ou sur l'habit.

Lances à feu avec amorce fulminante.

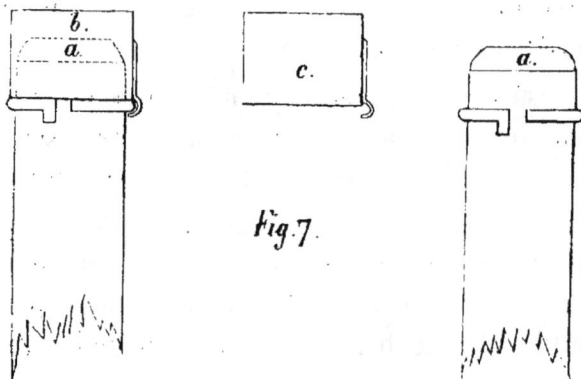

Fig. 7.

Il est probable que plus l'artillerie fera de progrès et plus les poudres fulminantes entreront dans la composition des artifices de guerre, car on parviendra, sans doute, à prévenir par des dispositions mécaniques les dangers qu'offre par leur facilité d'explosion le fulminate de mercure et le chlorate de potasse.

On sait qu'on met le feu aux pièces au moyen de cartouches d'artifices de 0^m,406 de longueur qui se nomment *lances à feu*. Ces lances à feu brûlent avec vivacité et leur flamme ne durant que 10 à 12 minutes, on ne les allume à la mèche à canon qu'au moment même où il faut faire feu. Mais il peut arriver que par une pluie violente la mèche se soit éteinte, et qu'un temps précieux soit perdu pour la rallumer. Cet accident est tellement probable que pour le prévenir on a adopté dans l'artillerie allemande des couvre-mèches (Luntenverberger), espèce d'enveloppe de cuir armée d'une tête à bec en tôle, mais cet appareil ne remplit même pas toujours son objet. Il résulte clairement de l'aveu d'officiers d'artillerie, qui ont assisté aux guerres de l'empire, que souvent des pièces ont été prises faute de moyens prompts pour allumer les lances et faire feu.

Je propose donc, pour obvier à un semblable inconvénient, de mettre au bout de chaque lance à feu une amorce fulminante. Il existe, à Londres, chez l'armurier Wilkinson, une multitude de lances à feu, avec amorces fulminantes préparées, non pour la guerre, mais pour servir de torche lorsqu'en voyage un accident vous surprend au milieu de la nuit. Ces flambeaux ne diffèrent des lances à feu ordinaires que par la disposition suivante :

L'extrémité supérieure de la lance est armée d'une amorce fulminante (*a*, *fig.* 7), composée de pulverin de chlorate de potasse et de verre pilé. (La *fig.* 7 représente, en grandeur naturelle, l'extrémité supérieure d'une lance à feu.)

Afin d'éviter le danger, qui pourrait résulter d'un choc imprévu, l'extrémité de la lance est recouverte d'une enveloppe ou chapeau en fer-blanc *c*, qui laisse un espace vide *b*, entre l'amorce et le bord supérieur du couvercle, de sorte que même un choc violent contre la tête de la lance, lorsqu'elle est recouverte, n'offrirait aucune possibilité d'y mettre le feu. Quand on veut allumer la lance, on retire le chapeau et l'on frappe l'extrémité sur un corps dur quelconque, comme, par exemple, la roue de l'affût.

Si l'on trouvait cette confection trop compliquée pour toutes les lances à feu, on pourrait au moins en mettre deux par coffret, afin que les servants d'une pièce aient toujours un moyen infaillible d'avoir promptement du feu, en dépit de l'état de l'atmosphère.

ENLÈVEMENT
DES PIÈCES D'ARTILLERIE
PAR LA CAVALERIE.

Ayant été amené à parler d'une amélioration que je crois importante pour l'artillerie, je ne puis passer sous silence une méthode ingénieuse pour atteler, momentanément à des pièces, des chevaux non dressés.

Sir Francis Head, qui a été, il y a quelques années, gouverneur du Canada, homme d'un grand mérite et qui a écrit plusieurs ouvrages remarquables sur ses voyages dans les deux Amériques, m'a communiqué les détails suivants relatifs au trajet qu'il fit à travers les Pampas, plaines immenses qui s'étendent de Buénos-Ayres jusqu'aux Andes. On parcourt ces vastes contrées très rapidement et en chaises de postes traînées par des chevaux fougueux, qu'on relaie de distance en distance. Arrivés à des espèces de stations de postes, les gauchos (1) courent à cheval vers les nombreux troupeaux de chevaux sauvages, qui paissent dans ces plaines, en prennent au lacet (*lasso*), autant qu'ils en ont besoin pour le service des voyageurs, les attèlent incontinent à la voiture et repartent au grand galop.

Ce qui frappa le plus sir Francis Head, ce fut de voir des chevaux, qu'on retire tout à coup à la vie sauvage, se laisser atteler sans résistance et entraîner la voiture dans leur course rapide, comme s'ils avaient été dressés.

Il trouva la cause de cette docilité subite, dans le mode employé pour atteler les chevaux. Le simple harnachement dont on se sert dans ce pays ne contrariant en rien les mouvements du cheval, et ses membres jouissant d'une entière liberté, il se soumet au joug sans le savoir, tandis que si on voulait lui imposer tout à coup notre harnachement compliqué, il se défendrait, sans doute avec violence, car l'éducation ordinaire pour le cheval, comme pour l'homme, consiste à les habituer à la gêne et à la souffrance.

Pour atteler un cheval dans les Pampas, il suffit d'avoir une sangle et une corde. La sangle étant assujettie autour des reins du cheval on attache une extrémité de la corde qui sert de trait sur un des côtés de la sangle au moyen d'une boucle. La *fig.* 8 représente ce mode d'attelage.

---

(1) Paysans de la république Argentine, qui descendent du croisement des races européennes et indiennes.

La position du cheval est facile à concevoir. N'ayant qu'un trait, il ne tire que d'un côté et cette obliquité de la ligne de traction qui, mathématiquement, est un désavantage dans l'application des forces, est ici la cause de la facilité qu'éprouve l'agent moteur, car par cette obliquité le trait ne touche le cheval qu'en un seul point et ne lui fait éprouver ni pressions sur les épaules, ni frictions sur les autres parties du corps. Quant à la sangle tirée latéralement, elle tend à se placer tant soit peu de travers sur le dos du cheval, et c'est cette position qui l'empêche de glisser.

Revenu en Europe sir Francis Head fit l'expérience de cet attelage sur des chevaux anglais, et demanda aux régiments des gardes, à Londres, qu'on lui présentât les chevaux les plus vicieux, ceux qu'on n'avait jamais pu parvenir à atteler. Ayant employé la méthode écrite ci-dessus, l'essai réussit complétement, et au grand étonnement des officiers de cavalerie, qui avaient jugé la chose impossible; des chevaux de troupe, qui n'avaient jamais été mis au harnais, ayant leurs cavaliers en selle, traînèrent, à une grande distance, ces canons, sans opposer la moindre résistance.

On comprend l'avantage d'un pareil système pour la guerre. Que de fois des canons sont abandonnés faute d'avoir suffisamment de chevaux de traits pour les enlever. Que de fois des charges de cavalerie sur des batteries sont restées sans résultat décisif, faute de moyens pour emmener les pièces.

Mais, à l'aide du procédé américain, tout cavalier,

muni d'une corde assez longue, pourra atteler momentanément son cheval à une voiture. Il lui suffira pour cela d'attacher, au moyen d'une boucle, l'extrémité de ce trait à la sangle de sa selle. La cavalerie pourra donc par ce moyen prêter son concours à l'artillerie, pour la tirer de tous les mauvais pas où un redoublement de forces est nécessaire.

FIN.